GUÍA DE LECTURA

Escrita por Claire Cornillon
Traducida por Marta Sánchez Hidalgo

El idiota

de Fiódor Dostoyevski

Entiende fácilmente la literatura con

ResumenExpress.com

www.resumenexpress.com

FIÓDOR DOSTOYEVSKI

ESCRITOR RUSO

- **Nacido en 1821 en Moscú (Rusia)**
- **Fallecido en 1881 en San Petersburgo (Rusia)**
- **Algunas de sus obras:**
    - *Crimen y castigo* (1866), novela
    - *El idiota* (1868), novela
    - *Los hermanos Karamazov* (1880), novela

Fiódor Dostoyevski nació en Moscú en 1821. Está considerado uno de los novelistas rusos más importantes, ha dejado una profunda huella con sus reflexiones metafísicas y su compromiso patriótico.

Sus obras más conocidas se publicaron en Europa en un período de exilio provocado por su trato con los círculos progresistas rusos. *Crimen y castigo* (1866) y *El idiota* (1868) fueron el inicio de la fase de madurez del autor. Se celebró la vuelta de Dostoyevski a Rusia en 1871. Su última novela, *Los hermanos Karamazov* (1880) apareció unos meses antes de su fallecimiento en San Petersburgo en 1881.

EL IDIOTA

UNA NOVELA CON MUCHOS GIROS

- **Género:** novela
- **Edición de referencia:** Dostoyevski, Fiódor. 2010. *El idiota*. Traducido por Gloria Martinengo. Barcelona: Editorial Juventud
- **Primera edición:** 1869
- **Temáticas:** amor, bondad, arribismo, moral, clases sociales, libre albedrío

El idiota, publicado en 1869, es una novela larga con la estructura y la narración complejas que cuenta la historia del príncipe Mishkin, un hombre ingenuo y bueno, que sufre crisis de epilepsia y que los otros personajes califican de idiota. Vuelve a Rusia después de haber vivido en Suiza y entabla relación con una serie de personajes. Le gusta Nastasia Filippovna, que le ha humillado y rechazado, pero también tiene sentimientos por Aglaya Yepanchin. Al final de la novela, el príncipe recae en su enfermedad tras el asesinato de Nastasia. Los diversos giros y tensiones entre los diferentes personajes son la ocasión de hacerse preguntas más profundas sobre Dios, el mal o el libre albedrío.

RESUMEN

PRIMERA PARTE

En un vagón de tercera clase del tren de Varsovia se conocen Rogochin, Lebedev y el príncipe Liov Nikolayevich Mishkin, que vuelve a Rusia tras haber pasado su juventud en Suiza para curarse de sus crisis de epilepsia. Cuando llega a San Petersburgo, el príncipe visita a la mujer del general Yepanchin. Ella también es una Mishkin, pero forma parte de su familia lejana y le gustaría conocerla. El general lo acoge con desconfianza, pero termina recibiéndole. El príncipe entra así en el círculo de las relaciones con los Yepanchin.

Afanasi Ivanovich Totski, un hombre de cincuenta años, querría casarse con una de las hijas del general Yepanchin. Pero acogió a una joven huérfana cuando era niña, Nastasia Filippovna y una vez adulta, ha cambiado totalmente de carácter y ahora conspira, según él, para causarle desgracias. Aterrado por Nastasia, teme que ésta ponga trabas a su matrimonio. La visita con el general: parece que se ha resuelto el asunto, pero Afanasi sigue inquieto.

Presentan al príncipe a la generala y a sus hijas, Alexandra, Adelaida y Aglaya. Empiezan una conversación sobre su genealogía, su historia, su enfermedad (es epiléptico): «los frecuentes ataques que sufría lo habían convertido poco menos que en un idiota (empleó exactamente este término "idiota")» (Dostoyevski 2010, primera parte, cap. III); también sobre el arte y la vida. El príncipe quiere ir a casa de Nastasia Filippovna, de la que Rogochin, enamorado de ella, le ha hablado en el tren. Quiere advertirle de que no tiene que casarse con Gavrila Ivolgin porque sólo la quiere por su dinero. Rogochin llega con cien mil rublos y borracho para permitirse una noche con Nastasia. Ésta denuncia la codicia de los hombres. El príncipe se enamora de Nastasia y se lo confiesa, pero ésta se ríe de él, lo rechaza y huye con Rogochin.

SEGUNDA PARTE

El príncipe ha recibido la herencia de una de sus tías y se va seis meses a Moscú para encargarse de sus asuntos. Mishkin intenta disuadir a Rogochin de que se case con Nastasia. Éste, se da cuenta de que el príncipe es un rival e intenta asesinarlo, pero el príncipe es víctima de una crisis de epilepsia y Rogochin huye. Los Lebedev acogen a Mishkin durante su convalecencia.

Más tarde, un artículo lo acusa de que no querer darle su herencia al señor Burdovsky, que sería el hijo de Pavlischev. Pero el príncipe se explica y denuncia una estafa: al señor Burdovsky lo han manipulado y no es el hijo de Pavlischev.

TERCERA PARTE

Elizaveta Prokofievna, la generala, piensa en la boda de sus tres hijas. Un rumor asegura que el príncipe tendría una relación con Aglaya y Elizaveta está fuera de sí. Pero, aparte del amor que el príncipe dirige a Aglaya, no ha pasado nada entre ellos. Además, el príncipe saca del error a la chica diciéndole que no tiene la intención de pedirle matrimonio.

A esto sucede un incidente con Nastasia Filippovna que termina con violencia. El triángulo amoroso entre las dos mujeres y el príncipe se vuelve conflictivo.

En el cumpleaños del príncipe sucede otro incidente: un joven tísico (que padece tuberculosis), Hipólito, lee un documento donde explica sus razones para suicidarse y luego intenta hacerlo. Un acto que fracasa porque se ha olvidado de poner las balas en el arma.

Nastasia envía cartas a Aglaya que dejan entrever sus sentimientos por el príncipe: «Para mí es usted lo que para él: luz, claridad. Un ángel no puede odiar, ama, ama aun a pesar suyo» (Dostoyevski 2010, tercera parte, cap. X), escribe. Va al encuentro de Mishkin y le pregunta si está contento. Rogochin la lleva con él y el príncipe le responde que no está contento.

CUARTA PARTE

La relación entre Aglaya y el príncipe es muy ambigua. Ella lo quiere, pero lo rechaza en público porque no puede aceptar su rareza. En una velada que organizan, los Yepanchin quieren presentar al príncipe en sociedad. Éste se lanza en un discurso encendido sobre la religión y con un movimiento brusco, rompe un vaso. Vuelve a retomar su discurso sobre la bondad y la belleza, pero se desmorona víctima de un ataque.

Cuando el príncipe se recupera, Aglaya hace que vayan Nastasia y Rogochin para que le den explicaciones. Acusa a Nastasia de haber hecho sufrir al príncipe, de haberlo rechazado y de inmiscuirse en su relación. El príncipe intenta temperar la violencia de Aglaya defendiendo a Nastasia. Aglaya no puede soportarlo y huye. El príncipe corre tras ella y Nastasia, al verlo, pierde el conocimiento: el príncipe se queda junto a ella.

El príncipe confiesa que Nastasia le da miedo, pero que la quiere y que también siente algo por Aglaya. Se fija la boda del príncipe con Nastasia, pero el día del acontecimiento, ésta se escapa con Rogochin. El príncipe lo busca y lo encuentra junto al cadáver de Nastasia, a la que ha asesinado. Lo detienen. En cuanto a Aglaya, se casa, contra la voluntad de su familia, con un hombre que cree sin razón que es un conde polaco.

ESTUDIO DE LOS PERSONAJES

EL PRÍNCIPE MISHKIN

El príncipe Liov Nikolayevich Mishkin es un joven de 26 años que ha sufrido crisis de epilepsia y que por ello ha vivido en Suiza para curarse. Al principio de la novela vuelve a su país, Rusia, para integrarse en la sociedad de San Petersburgo.

Al comienzo es un hombre misterioso: los otros personajes dudan sobre él a lo largo del relato y se preguntan cómo interpretar su actitud puesto que actúa de una forma sorprendente sin respetar las convenciones sociales. También parece ingenuo y particularmente sincero en sus conversaciones con los otros personajes. Su enfermedad y esta inocencia que lo caracteriza («¡Destrozar la vida de un inocente!», Dostoyevski 2010, primera parte, cap. XVI) hacen que los otros lo califiquen a menudo de idiota. Sin embargo, es perspicaz en el plano psicológico, culto y con una visión muy reflexiva de la vida.

Gracias a su bondad también consigue hacerse hueco entre los personajes que conoce. De esta forma, cuando se presenta en casa del general, éste lo acoge al principio con desconfianza, pero le conquista rápidamente: «La expresión del príncipe en aquel momento era tan afable, y su sonrisa tan franca, tan desprovista de rencor, que el general quedó como suspenso y empezó a mirar a su visitante de una manera distinta» (Dostoyevski 2010, primera parte, cap. III).

También encarna dulzura y compasión. Cuida de Nastasia

cuando pierde el conocimiento y de la misma forma permanece junto a Rogochin cuando enloquece después de haber asesinado a Nastasia: «Horas más tarde, cuando se abrió la puerta, hallose al asesino delirando, sin conocimiento. El príncipe estaba sentado a su lado, inmóvil, silencioso. Cuando el enfermo gritaba o deliraba, se apresuraba a pasarle su mano temblorosa por los cabellos, por la cara, con un gesto que tenía mucho de caricia, de consuelo», (Dostoyevski 2010, cuarta parte, cap. XI).

Desde ese momento, es el que está más expuesto por su sinceridad y su bondad a la crueldad de un mundo de mentiras y de intrigas. Aglaya dice sobre él: «Quiero añadir que jamás, en toda mi vida, he encontrado un hombre que le iguale en nobleza, en candor, en su confianza sin límites», (Dostoyevski 2010, cuarta parte, cap. VIII). Pero aunque sea un hombre fundamentalmente bueno y afectuoso, sólo consigue crear violencia y desgracias a su alrededor. Pierde a Aglaya y Nastasia muere. Este fallo se cristaliza en la recaída en sus crisis de epilepsia al final de la novela, como si los males que le rodean hubieran acabado por alcanzarle.

NASTASIA Y ROGOCHIN

Nastasia Filippovna y Parfen Semionovich Rogochin constituyen una pareja paralela a la del príncipe y Aglaya. Todos juntos no crean un trío, sino un cuarteto amoroso y trágico.

Rogochin, el hijo de un mercader, es una especie de doble del príncipe, pero un doble violento. Intenta asesinarlo y al final mata a Nastasia. A lo largo de la novela, ésta huye sin cesar con él por despecho y no le quiere. Esta rivalidad con el príncipe lo empuja a cometer lo irreparable.

Nastasia es una mujer orgullosa y provocadora porque nunca deja de querer demostrar que es mala. Es desgraciada, tiene una pésima imagen de sí misma y por ello, no puede aceptar el amor que siente el príncipe por ella, porque no se cree digna de él. Pero también denuncia la codicia que la rodea y su actitud revela su sufrimiento. Así piensa: «Prefiero irme al arroyo, pues ahí está mi sitio. O me voy a divertirme una temporada con Rogochin, o me pongo de lavandera mañana mismo. Porque tiene que saber que no poseo nada. Si me marcho, será dejándolo todo, hasta el último trapo. ¿Quién me querrá entonces?», (Dostoyevski 2010, primera parte, cap. XV). Por otro lado, su amor por el príncipe es real. Por ello, es un personaje ambiguo, fascinante e inquietante a la vez.

LA FAMILIA YEPANCHIN

La familia Yepanchin deja que el príncipe entre en su círculo. Está formada por el general; su mujer Elizaveta, que es una Mishkin como el príncipe; y sus tres hijas: Alexandra, Adelaida y Aglaya. Estas no se han casado todavía, situación a la que su madre intenta buscar remedio.

Aglaya se muestra como un personaje fundamental puesto que el príncipe se enamora de ella. Pero adopta una actitud ambigua hacia él. Como es consciente de su amor por Nastasia, lo suele ridiculizar. Pero su posición es más clara que la de Nastasia: ella consigue la confrontación entre los actores de este cuarteto desafortunado y ella es la más sincera en este intercambio, hasta el punto de ruptura porque su sinceridad pone al príncipe en una elección entre ella y Nastasia. Aunque Aglaya represente en un sentido la sociedad mundana, el amor que le dedica el príncipe es menos absoluto que el que dedica a Nastasia. Aglaya se preocupa por su imagen; eso explica su comportamiento hacia el príncipe.

CLAVES DE LECTURA

UNA HISTORIA COMPLEJA

La novela narra una historia compleja a varios niveles.

Para empezar, Dostoyevski construye una narración que está llena de personajes en los que el narrador a veces se detiene y cuenta sus historias o caracteres, creando así verdaderas digresiones dentro del relato que complican la novela. La cuarta parte empieza de esta forma con un retrato de Varvara Ardalionovna, de su esposo el señor Ptitsin y de su hermano Gavrila Ardalionovich. Además, los mismos personajes son a veces narradores a lo largo de los diálogos y cuentan anécdotas o recuerdos que enriquecen la narración. Es el caso, por ejemplo, del príncipe Mishkin cuando conoce al general y a sus hijas y les cuenta varias historias de su pasado.

Desde ese momento, aparecen múltiples intrigas que trastornan la vida de los personajes: mentiras, violencia y conflictos alimentan las cuatro partes de la novela. Además, los rumores ocupan un lugar fundamental, todos quieren saber qué hacen los otros. El todo en una sociedad corrupta donde el dinero es el primer motor de las acciones de los personajes.

En dicho contexto se desarrolla la intriga principal que también es compleja: la historia de amor contrariada entre, por una parte el príncipe y Nastasia; por otra el príncipe y Aglaya y, finalmente, entre Nastasia y Rogochin. En este cuarteto, todo el mundo acaba mal. Todos se hacen sufrir mutuamente, a veces de forma voluntaria y otras de forma involuntaria.

El amor del príncipe por Nastasia es particularmente ambiguo puesto que dice que tiene miedo de su rostro, pero aun así la quiere: en esto, Nastasia representa lo sublime, aterrador y fascinante a la vez. El amor que el príncipe siente por ella es un amor absoluto, puede que cercano a la idea de trascendencia. Aglaya se inscribe en la sociedad de los hombres, pero también es ambigua puesto que hace sufrir al príncipe en su manera de tratarlo en sociedad. El príncipe sigue al final un itinerario trágico. El peso de las mentiras y de los vicios que reinan en la sociedad en la que evoluciona aplastan su bondad.

Finalmente, la intriga sentimental entre los diversos personajes despierta preguntas sociales y políticas sobre Rusia y, sobre todo, sugiere una lectura metafísica, el misterio del hombre, lo que va a complicar la obra.

CUESTIONES MORALES

La intriga sentimental de la novela es el fundamento de una reflexión sobre el hombre, en la medida en la que el conjunto de los personajes y las relaciones que se crean entre ellos constituyen un panorama particularmente complejo en relación a la vida. No es sólo el narrador el que comienza a veces capítulos o partes con una explicación teórica sobre un aspecto de la existencia que enlaza con uno o varios personajes de su relato, sino que los propios personajes, que suelen estar en fiestas o eventos sociales, conversan con más o menos vivacidad de temas tan diversos como el arte, el sentido de la vida o la política. El conjunto de estos discursos muestra varias problemáticas subyacentes.

De esta forma, la novela se pregunta sobre el bien y la sinceridad. Aunque el príncipe represente estas nociones, la desgracia lo persigue. El resto de personajes no dejan de mentir, de hacer circular falsos rumores, como en el episodio de la herencia del príncipe y desempeñan un papel social. En casa de Nastasia cuando animan a los invitados a contar la peor acción que han cometido, el desafío no es de ninguna manera la sinceridad, sino el equilibrio de fuerzas que va a establecerse entre los diferentes invitados en función de su actitud en relación a este juego. En cambio, el príncipe suele pensar en términos morales y quiere hacer el bien y ser sincero: «Aunque, como de costumbre, el príncipe se echaba la culpa de todo y esperaba, por lo tanto, el castigo de esa culpa», (Dostoyevski 2010, segunda parte, cap. XI). La razón por la que el príncipe resulta singular para el resto de personajes es porque no entra en este juego social, que es un juego de poder y orgullo.

Al mismo tiempo surge de las intrigas una reflexión sobre la relación del individuo con el grupo. El narrador crea en particular un desarrollo sobre la cuestión de la originalidad. El príncipe es de hecho original porque se queda sin entrar en el juego social, pero los otros personajes buscan otro tipo de originalidad, una forma de éxito social: se trata de brillar en medio del grupo. Como el narrador subraya, algunos están dispuestos a todo, incluso a cometer un crimen, para diferenciarse. El narrador dice de Gavrila: «Desde muy niño le había atormentado la idea arraigada y constante de que era un mediocre y el deseo de convencerse de su plena independencia» (Dostoyevski 2010, cuarta parte, cap. I).

Finalmente, la novela plantea también la cuestión del sentido de la vida. Por ejemplo, el discurso de Hipólito ilustra la cuestión del libre albedrío. Él, que va a morir en unas semanas, se pregunta si el suicidio no sería la última acción posible para conservar control sobre su vida: «La naturaleza ha limitado tanto mis actividades con su sentencia, que el suicidio es quizá lo único que puedo empezar y terminar por voluntad propia. Bien, quizá quiero aprovecharme de esa última posibilidad de *acción*» (Dostoyevski 2010, tercera parte, cap. VII). El príncipe, anteriormente en la novela, también se pregunta por la vida y por el poder de acción del hombre: «Hasta me di en pensar que incluso en la cárcel se puede vivir intensamente» (Dostoyevski 2010, primera parte, cap. V). La cuestión de la acción no es únicamente material, también concierne a la voluntad y a la decisión; aunque el hombre esté encerrado entre cuatro paredes, su espíritu puede ser libre.

LA RECURRENCIA DE MOTIVOS RELIGIOSOS

La novela se estructura también alrededor de cuestiones metafísicas y religiosas. La figura del Cristo es recurrente principalmente a través de los motivos pictóricos que comentan los personajes. A Dostoyevski le marcó mucho el *Cristo muerto* de Holbein (pintor alemán, 1498-1543), un cuadro que representa al Cristo en la tumba con un realismo del cadáver que hizo plantearse al autor la cuestión de la fe: al ver a un Cristo tan marcado por la muerte, ¿podemos creer en su resurrección? Muchos personajes de la novela dialogan sobre esta obra, haciendo eco de la reflexión del autor.

Algunas conversaciones son sobre la religión y en particular sobre el cristianismo. La posición del príncipe en cuanto a esta cuestión es interesante. Ataca con violencia al catolicismo, precisamente en su relación con el mal y el sufrimiento: «El ateísmo se limita a proclamar la nada; pero el catolicismo va más lejos: predica un Cristo a quien ha desfigurado, vilipendiado, calumniado, un Cristo contrario a la verdad» (Dostoyevski 2010, cuarta parte, cap. VII). Lo acusa de ser una vía hacia el ateísmo, al que rechaza ante todo. Dice a Rogochin: «La esencia del sentimiento religioso no tiene nada que ver con el raciocinio; ninguna falta, ningún crimen, ninguna forma de ateísmo demuestran nada contra ese sentimiento, en el cual hay y habrá siempre algo de inaccesible a todas las argumentaciones de los ateos» (Dostoyevski 2010, segunda parte, cap. IV). El problema de la fe se plantea a lo largo de la novela. Parece que para Dostoyevski cuenta menos la razón que este «sentimiento religioso», es decir, una experiencia interior, del orden y de lo indecible.

El príncipe habla de sus crisis epilépticas en términos religiosos como de crisis místicas y su enfermedad le descubre en un sentido el mundo: «Pronto empezaron a ceder los ataques y entonces mejoré mucho, me puse casi tan bien como estoy ahora. Pero entonces recuerdo que sentí una terrible tristeza, tenía ganas de llorar. Me hallaba en un estado de constante angustia y ansiedad. Lo que más me afectaba era la idea de que estaba en el extranjero, de que me rodeaban cosas extrañas» (Dostoyevski 2010, primera parte, cap. V). Y más adelante:

> «¿Qué importa que esta exaltación sea un fenómeno anormal, si el instante que hace nacer, recordado y analizado por mí cuando me encuentro bien se revela pleno de una armonía y una belleza superiores y si ese instante me proporciona una sensación de plenitud, de paz, de inenarrable fusión con la vida en su significado más sublime?» (Dostoyevski 2010, segunda parte, cap. V).

Por eso, se ha podido comparar al personaje del príncipe con una figura de Cristo, ser compasivo que acoge el sufrimiento de los hombres, sin que por ello se reduzca a esta interpretación.

PISTAS PARA LA REFLEXIÓN

ALGUNAS PREGUNTAS PARA PROFUNDIZAR EN SU REFLEXIÓN...

- ¿Por qué califican al príncipe de idiota? Según su opinión, ¿realmente lo es?
- ¿Cuál es el lugar del narrador en el relato? ¿Cómo interviene en él?
- ¿Cuál es la imagen de la sociedad burguesa de San Petersburgo que da la novela?
- Compare el personaje de Nastasia con el de Aglaya.
- ¿Cuál es el papel de Rogochin en la intriga?
- Señale los diferentes comentarios sobre la representación del Cristo: ¿cuáles son los temas que dominan en cada uno de estos fragmentos?
- ¿Qué relación con la vida encarna el príncipe Mishkin?
- Compare la actitud del príncipe al principio de la novela y al final: ¿qué ha cambiado? ¿Cómo calificaría el itinerario que sigue a lo largo de la novela?

¡Su opinión nos interesa!
¡Deje un comentario en la página web de su librería en línea,
y comparta sus favoritos en las redes sociales

PARA IR MÁS ALLÁ

EDICIÓN DE REFERENCIA

- Dostoyevski, Fiódor. 2010. *El idiota*. Traducido por Gloria Martinengo. Barcelona: Editorial Juventud.

EN RESUMENEXPRESS.COM

- Guía de lectura de *Crimen y castigo* de Fiódor Dostoyevski.